Physikum H09

Begleitheft zur Generalprobe Physikum H09

www.medi-learn.de

Autoren: Dr. Bringfried Müller, Vera Lippek, Thomas Brockfeld

Herausgeber:
MEDI-LEARN
Elisabethstr. 9, 35037 Marburg/Lahn

Herstellung:
MEDI-LEARN Kiel
Olbrichtweg 11, 24145 Kiel
Tel: 04 31/780 25-0, Fax: 04 31/780 25-27
E-Mail: redaktion@medi-learn.de, www.medi-learn.de

Verlagsredaktion: Dr. Waltraud Haberberger, Jens Plasger, Christian Weier, Fritz Ramcke
Lektorat: Dr. Waltraud Haberberger
Layout und Satz: Fritz Ramcke, Kristina Junghans
Illustration: Daniel Lüdeling, Rippenspreizer.com
Druck: Druckerei Wenzel, Marburg

1. Auflage 2010

Begleitheft zur Generalprobe Physikum H09, nur im Paket erhältlich
ISBN-13: 978-3-938802-66-3

© 2010 MEDI-LEARN Verlag, Marburg

Wichtiger Hinweis für alle Leser

Die Medizin ist als Naturwissenschaft ständigen Veränderungen und Neuerungen unterworfen. Sowohl die Forschung als auch klinische Erfahrungen führen dazu, dass der Wissensstand ständig erweitert wird. Dies gilt insbesondere für medikamentöse Therapien und andere Behandlungen. Alle Dosierungen oder Angaben in diesem Buch unterliegen diesen Veränderungen.
Obwohl das MEDI-LEARN Team größte Sorgfalt in Bezug auf die Angabe von Dosierungen oder Applikationen hat walten lassen, kann es hierfür keine Gewähr übernehmen. Jeder Leser ist angehalten, durch genaue Lektüre der Beipackzettel oder Rücksprache mit einem Spezialisten zu überprüfen, ob die Dosierung oder die Applikationsdauer oder -menge zutrifft. **Jede Dosierung oder Applikation erfolgt auf eigene Gefahr des Benutzers.** Sollten Fehler auffallen, bitten wir dringend darum, uns darüber in Kenntnis zu setzen.

Vorwort

Warum eine Generalprobe?

Studenten bearbeiten die Prüfungsfragen während der Examensvorbereitung überwiegend am Computer. Dieses Vorgehen hat Vor- und Nachteile:

Als angenehm wird in der Regel empfunden, dass neben der Frage auch immer gleich das zugehörige Bild angezeigt wird. Man muss dann nur noch auf einen Lösungsbuchstaben klicken und schon bekommt man die Rückmeldung „richtig" oder "falsch".

In der realen Prüfung herrschen jedoch ganz andere Bedingungen:

Hier müssen die Fragen in einem gedruckten Aufgabenheft bearbeitet werden, die Bilder befinden sich in einer separaten Bildbeilage und die Lösungen müssen auf einen Computerbogen übertragen werden.

Diese Unterschiede zwischen Lern- und Prüfungsprocedere verunsichern viele Studenten. Aufgrund des mangelnden Trainings unter realen Bedingungen verschätzen sie sich in der Zeit, arbeiten (zu) wenig mit Randnotizen und auch Fehler beim Übertragen der Lösungen auf den Computerbogen sind keine Seltenheit.

Mit unserer Generalprobe wollen wir euch die Möglichkeit geben, schon im Vorfeld den Ernstfall zu simulieren und dadurch mehr Sicherheit für die Bearbeitung der schriftlichen Physikumsprüfung zu erlangen.

Um möglichst reale Bedingungen zu schaffen, haben wir die Fragen des Examens H09 in Original-Reihenfolge abgedruckt, die Bildbeilage von den Fragen getrennt und einen Computerbogen beigelegt, auf den die Lösungen übertragen werden können.

Instruktion

Wir empfehlen, die Fragen dieser Generalprobe ca. 3-5 Tage vor der Prüfung unter Examensbedingungen zu kreuzen.

Da an jedem Prüfungstag 4 Stunden für das Finden und Übertragen der 160 Lösungen auf den Computerbogen zur Verfügung stehen, und die Prüfung zwischen 9:00-13:00 Uhr geschrieben wird, solltet ihr die „Generalprobe" ebenfalls in dieser Zeit durchführen.

Daneben könnt ihr das Examen im Vorfeld aber auch fächerweise bearbeiten. Hierzu haben wir euch einen speziellen Antwortbogen vorbereitet, dem ihr entnehmen könnt, welche Fragen dem jeweiligen Fach zugeordnet sind.

Viel Erfolg wünscht
Das MEDI-LEARN Team

Dieses Paket umfasst:

Aufgabenheft Herbst 2009 - Tag 1	Alle Fragen des 1. Prüfungstags (Physik, Physiologie, Chemie/Biochemie)
Aufgabenheft Herbst 2009 - Tag 2	Alle Fragen des 2. Prüfungstags (Biologie, Anatomie/Histologie, Psychologie/Soziologie)
Begleitheft Herbst 2009	Lösungen, Hinweise zur Benutzung, Infos rund um die Prüfung
Bildbeilage	Original Farbabbildungen des IMPP
Computerbogen	Entspricht dem Originalbogen der Prüfung
6 fachspezifische Computerbögen	Hier sind die Fragen fächerweise hervorgehoben

MEDI-LEARN *Examensservice*

1 Informationen zur Physikumsprüfung

Die Medizin ist sicherlich eines der interessantesten, gleichzeitig aber auch anspruchsvollsten Studienfächer überhaupt. Zwischen Studienbeginn und ärztlicher Tätigkeit lauern jedoch einige tückische Unwägbarkeiten. Die erste davon in Gestalt des Physikums, offiziell bekannt unter dem Namen Erster Abschnitt der Ärztlichen Prüfung und bei Prüfungsämtern unter dem Kürzel "M1". Das Physikum ist gefürchtet, da hier Durchfallquoten von über 20 % keine Seltenheit sind.

Den Ablauf der Ärztlichen Prüfungen regelt die Ärztliche Approbationsordnung (ÄAppO) aus dem Jahr 2002.

Da es stets von Vorteil ist, seinen Gegner genauer zu kennen, folgt eine kurze Definition des Grauens.

1.1 Prüfungsform

Der Erste Abschnitt der Ärztlichen Prüfung besteht aus einem schriftlichen und einem mündlichen Prüfungsteil.

Beide Prüfungsteile müssen bestanden, d.h. ausreichend gewesen sein. Eine mangelhafte schriftliche Leistung kann ebenso wenig durch eine gute mündliche Leistung ausgeglichen werden wie eine mangelhafte mündliche Leistung durch eine gute schriftliche.

Im Falle einer mangelhaften Teilleistung muss nur dieser Prüfungsteil wiederholt werden. War der mündliche Prüfungsteil z.B. ausreichend und der schriftliche Prüfungsteil mangelhaft, so muss nur noch der schriftliche Teil wiederholt werden. Die mündliche Note bleibt erhalten.

Die Wiederholung eines bestandenen Prüfungsteils (z.B. zur Verbesserung der erlangten Note) ist nicht möglich.

Die Gesamtnote wird jeweils aus schriftlicher und mündlicher Note gemittelt. Bis zu einem Zahlenwert von 1,5 lautet die Gesamtnote sehr gut, bis zu einem Wert von 2,5 gut, bis 3,5 befriedigend und bis 4 ausreichend.

1.1.1 Schriftlicher Teil

Der schriftliche Teil des Physikums findet bundeseinheitlich an zwei aufeinander folgenden Tagen statt. Er wird daher für alle Universitäten zeitgleich durchgeführt. Im Frühjahr findet das Examen Mitte März, im Herbst Ende August statt. Die genauen Termine finden sich unter www.impp.de.

Im Physikum müssen 320 MC-Fragen beantwortet werden, bei denen jeweils eine aus 5 vorgegebenen Antwortalternativen auf einem Computerbogen anzukreuzen ist. Dabei werden an jedem Tag 160 Fragen gestellt, die in 4 Stunden gelöst werden müssen. Die Fächer verteilen sich wie folgt:

1.Tag
• Physiologie (60-65 Fragen)
• Physik (15-20 Fragen)
• Chemie/Biochemie (80 Fragen)

2.Tag
• Biologie (20 Fragen)
• Anatomie/Histologie (80 Fragen)
• Psychologie/Soziologie (60 Fragen)

Jeder Prüfling erhält ein Aufgabenheft und einen Antwortbogen, auf den er die Lösungen übertragen muss. Am zweiten Prüfungstag bekommt ihr zusätzlich noch eine Bildbeilage.

Um Täuschungsversuchen entgegenzuwirken, wird mit jeweils zwei Klausurversionen (Auflage A und B) gearbeitet. Dabei sind die Fragen zwar identisch, erscheinen aber in unterschiedlicher Reihenfolge und sind daher auch nicht streng nach Fachgebieten geordnet.

Die Lösungen müssen während der Prüfungszeit mit einem Bleistift auf den Antwortbogen übertragen werden. Der Bleistift wird zusammen mit einem Radiergummi und einem Anspitzer in der Regel zur Verfügung gestellt. Es gibt jedoch auch Bundesländer, in denen die Prüflinge aufgefordert werden, Bleistift, Radiergummi und Anspitzer selbst mit zu bringen.

Weitere Hilfsmittel wie z.B. Taschenrechner, Bücher, Handys etc. sind nicht erlaubt. Schon der Griff nach einem Handy kann als Täuschungsversuch gewertet werden! Lebensmittel wie z.B. Obst, Brote, Schokolade und Getränke werden dagegen meist von der Aufsicht toleriert. Am Ende der Prüfung werden die Antwortbögen eingesammelt. Die Aufgabenhefte bekommt der Prüfling in der Regel nach Abschluss des Prüfungstags ausgehändigt.

Die Prüfung ist in jedem Fall bestanden, wenn 60 % der Fragen richtig beantwortet wurden (ausführlich s. 1.4.1, S. 3). Hierbei ist es völlig gleichgültig, in welchem Teilgebiet diese Punkte geholt werden.

1.1.2 Mündlicher Teil

Die mündlichen Prüfungen finden in Gruppen von bis zu 4 Studenten statt. Auch die Prüfer treten in Gruppen an. Gegenstand der mündlichen Physikumsprüfung sind die Fächer Physiologie, Anatomie (inkl. Histologie) und Biochemie. Die Prüfungskommission besteht aus einem Vorsitzenden und zwei, höchstens drei weiteren Mitgliedern. Die Prüfung dauert mindestens 45 und höchstens 60 Minuten je Prüfling.

Die mündlichen Prüfungstermine liegen in der Regel nach der schriftlichen Prüfung. An einigen Universitäten werden die mündlichen Prüfungen auch vorgezogen und finden vor den schriftlichen Terminen statt.

Die mündliche Prüfung ist nur bestanden, wenn alle Mitglieder der Prüfungskommission eine mindestens **ausreichende** Leistung attestieren. Eine mangelhafte Teilleistung kann also nicht durch eine sehr gute andere mündliche Teilleistung ausgeglichen werden.

Nur wenn **kein** Prüfer eine mangelhafte Teilnote vergibt, ist die Prüfung bestanden. In diesem Fall werden die einzelnen Teilleistungen zu einer Gesamtnote gemittelt.

1.2 Anmeldung zur Prüfung

Sobald man die erforderlichen Scheine und sonstige Nachweise ergattert hat, kann man sich beim zuständigen Prüfungsamt anmelden.

Für das Physikum gelten folgende Fristen:

- am 10.1. ist Anmeldeschluss für das Frühjahrsexamen,
- am 10.6. ist Anmeldeschluss für das Herbstexamen.

Anmeldungen, die nach dem offiziellen Meldeschluss eingehen, werden nicht mehr akzeptiert.

Übrigens...

Für diejenigen, die bei ihrer Anmeldung nicht alle erforderlichen Scheine dabei hatten, gibt es eine Nachreichfrist. Diese Fristen werden von den Prüfungsämtern vor Ort festgelegt.

1.3 Rücktritt von der Prüfung

Wer bis zum Ende der Nachreichfrist entweder seine Anmeldung (schriftlich!) zurückzieht oder nicht alle erforderlichen Scheine vorlegt, kann nicht zur Prüfung antreten. Eine zurückgezogene Anmeldung oder die Nichtzulassung zur Prüfung haben keine weiteren Folgen, d.h. sie werden nicht als Prüfungsversuch gewertet. Dies ist kein unwichtiges Detail, denn immerhin hat man insgesamt nur 3 Versuche!

Wer innerhalb der Nachreichfrist seine Anmeldung zur Prüfung nicht zurückgenommen und alle erforderlichen Zulassungsbedingungen erfüllt hat, wird nach Ablauf der Nachreichfrist zugelassen.

1.3.1 Rücktrittsfristen

Ca. 3-4 Wochen vor dem **schriftlichen Teil der Prüfung** wird die Zulassung offiziell schriftlich bestätigt. Daher sollte man sicherstellen, dass unter der angegebenen Zustelladresse auch wirklich jemand erreichbar ist.

Übrigens...

Ab Zustellung der Zulassung kann ein Rücktritt von der Prüfung oder eine Befreiung von der Zulassung nur aus wirklich wichtigem Grund erfolgen. Wer diesen Schritt in Erwägung zieht, sollte sich sicherheitshalber (z.B. anwaltlich) beraten lassen.

10-14 Tage vor dem **mündlichen Physikum** werden an den meisten Unis die Ladungen für diesen Prüfungsteil per Einschreiben an die Prüflinge verschickt. Ein folgenloser Rücktritt von der Prüfung ist jetzt ebenfalls nur noch aus wichtigem Grund möglich.

1.3.2 Rücktritt aus Krankheitsgründen

Am häufigsten wird ein Rücktritt von der Prüfung mit Krankheit begründet. Als Allererstes sollte in diesem Fall das Landesprüfungsamt telefonisch informiert werden. Außerhalb der Geschäftszeiten kann eine entsprechende Nachricht auf dem Anrufbeantworter hinterlassen werden. Eine anschließende **schriftliche Rücktrittserklä-**

rung ist allerdings in jedem Fall erforderlich. Beim Rücktritt aus Krankheitsgründen ist zu beachten, dass alle Prüfungsämter hierfür ein ärztliches, die meisten Ämter sogar ein amtsärztliches Attest verlangen. Nach neuer AO kann das Attest sogar durch einen vom Landesprüfungsamt benannten beliebigen Arzt gefordert werden.

Betroffene sollten daher zunächst ihren Hausarzt aufsuchen. Stellt dieser fest, dass eine Prüfungsteilnahme aus gesundheitlichen Gründen nicht möglich ist, sollte man sich umgehend mit dem Prüfungsamt in Verbindung setzen, um das weitere Vorgehen zu klären, da die abschließende Entscheidung über die krankheitsbedingte Prüfungsunfähigkeit ALLEIN das Landesprüfungsamt trifft.

Übrigens...
Im Fall eines positiven Bescheids gilt der Prüfungsabschnitt oder der Prüfungsteil als nicht unternommen. Wird dagegen trotz eines ärztlichen Attests der Rücktritt nicht akzeptiert, gilt der Prüfungsteil als nicht bestanden.

1.4 Mitteilung der Prüfungsergebnisse

3-4 Wochen nach der schriftlichen Prüfung werden die Prüfungsergebnisse den Kandidaten per Post zugestellt. Nichts für schwache Nerven, aber dennoch verständlich, wenn man das Procedere kennt:

In der Zeit zwischen der Prüfung und der Bekanntgabe der offiziellen Ergebnisse werden die Fragen vom IMPP anhand der Itemstatistiken (u.a. Trennschärfe und Schwierigkeitsgrad, s. S. 11) und aufgrund kritischer Rückmeldungen nochmals überprüft. Wenn dabei auffällt, dass eine Frage fehlerhaft ist, wird sie aus der Wertung genommen, so dass erst relativ spät die mathematische Basis für die Berechnung der Bestehensgrenze gegeben ist.

Wer darauf nicht warten will oder kann, orientiert sich an der MEDI-LEARN-Examensauswertung (s. Kapitel 1.5, S. 6), die tagglich zur schriftlichen Prüfung online unter der Adresse www.medi-learn.de abrufbar ist.

Übrigens...
Mit einer durchschnittlichen Übereinstimmung zum IMPP von 99% werden die MEDI-LEARN Ergebnisse in Studentenkreisen seit Jahren als „quasi-offiziell" gehandelt.

1.4.1 Bestehensgrenze

Das schriftliche Physikum ist ab der Note 4 bestanden. Die hierfür zu erreichende Punktzahl variiert jedoch von Prüfung zu Prüfung. Eine feste Bestehensgrenze, die für jedes Examen gilt, gibt es nämlich nicht. Sie wird in jedem Examen neu berechnet und steht daher immer erst nach Bekanntgabe der offiziellen Ergebnisse fest.

Grundlage der Bewertung ist die Gesamtpunktzahl, die sich aus der Summe der richtigen Fragen aller Fachgebiete ergibt. Um die Schwierigkeit eines Examens bei der Notengebung zu berücksichtigen, hat der Gesetzgeber die Bestehens- und Notengrenzen von den mittleren Leistungen der Examenskandidaten abhängig gemacht. Dabei werden jedoch nur Leistungen der Kandidaten, die das Examen in Regelstudienzeit absolvieren (= Referenzgruppe), berücksichtigt.

Die Bestehensgrenze ergibt sich aus 0,78 mal dem Bundesschnitt der Referenzgruppe, wobei zur nächsten ganzen Zahl aufgerundet wird. Sie kann jedoch nicht auf mehr als 60% (= 192 Punkte) der gewerteten Fragen ansteigen.

Die zugrunde liegende Gleitklausel besagt dabei zweierlei: Die schriftliche Prüfung ist dann bestanden,

1. wenn mindestens 60 von Hundert der gestellten Prüfungsfragen richtig beantwortet wurden, also 60% der gestellten Prüfungsfragen korrekt beantwortet sind, **oder**

2. wenn die Zahl der richtig beantworteten Fragen um nicht mehr als 22 von Hundert die durchschnittlichen Prüfungsleistungen derjenigen Prüflinge unterschreitet, die nach der Mindeststudienzeit erstmals an der Prüfung teilgenommen haben. Man darf also höchstens 22% unter dem Durchschnitt der Erstschreiber nach dem vierten Semester liegen. Alles klar?

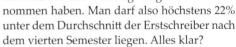

Da sich die durchschnittlichen Prüfungsleistungen dieser pünktlichen Erstschreiber nicht vorhersagen lässt, steht auch die Bestehensgrenze im Vorfeld des Physikums nicht fest.

1.4.2 Notengrenzen

Wie so Vieles im Leben der Medizinstudenten
regelt auch diesen Teil die Approbationsordnung, die festlegt, dass für die Notengrenzen
Bruchteile (= ¼ für die Note 3; ½ für die Note
2, ¾ für die Note 1) der Differenz zwischen Bestehensgrenze und insgesamt gewerteten Fragen
zur Bestehensgrenze hinzuaddiert werden. Dies
bedeutet, dass

- es die Traumnote 1 gibt, wenn man die Bestehensgrenze erreicht und darüber hinaus mindestens 75% der noch verbleibenden Fragen
  richtig beantwortet hat.
- man auf eine 2 stolz sein darf, wenn man nach
  Erreichen der Bestehensgrenze zwischen 50
  und 75% der noch verbleibenden Fragen richtig gelöst hat.
- man befriedigt nach Hause gehen darf, wenn
  man nach Erreichen der Bestehensgrenze zwischen 25 und 50% der noch verbleibenden Fragen richtig gelöst hat (= Note 3).
- man das schriftliche Physikum in der Tasche
  hat, wenn man die Bestehensgrenze erreicht
  oder weniger als 25% der noch verbleibenden
  Fragen richtig gelöst hat (= Note 4).
- die gezeigte Leistung mangelhaft war, wenn
  man die Bestehensgrenze nicht erreicht hat
  und weniger als 10% richtig gelöste Fragen
  zum Erreichen der Bestehensgrenze fehlen (=
  Note 5).
- die gezeigte Leistung ungenügend war, wenn
  10% oder mehr richtige Fragen zum Erreichen
  der Bestehensgrenze fehlen (= Note 6).

Im Klartext:
Bei 320 gewerteten Fragen und einer durch-
schnittlichen Leistung der Studenten in Regel-
studienzeit von 230 Punkten läge die Bestehens-
grenze bei 180 Punkten.
Man würde die
- Note 1 ab 286 Punkten,
- Note 2 von 250 bis 285 Punkten,
- Note 3 von 219 bis 249 Punkten,
- Note 4 von 180 bis 218 Punkten
erhalten.

1.4.3 Gewertete/Eliminierte Fragen

Meist können nicht alle in der Prüfung gestellten
Fragen in der Wertung berücksichtigt werden.
Obwohl die Fragen im Vorfeld einer sehr sorg-
fältigen Prüfung unterzogen wurden, kann sich
im Nachhinein herausstellen, dass eine Frage
fehlerhaft ist. Dies ist z.B. der Fall, wenn mehr
als eine Antwortalternative mit der gängigen
Lehrbuchmeinung in Einklang steht oder keine
der Antwortalternativen richtig ist.
Die Prüfungskandidaten haben dann die Möglichkeit dem IMPP innerhalb einer Frist von einer Wo-
che nach der Prüfung, auffällige Fragen zu melden.
Hierbei ist es hilfreich, sich auf Literaturbelege zu
berufen und seine Anmerkungen dem IMPP zu-
sammengefasst in Form eines Briefes mitzuteilen.

Das IMPP überprüft dann noch einmal die gestellten Fragen auf Grundlage der studentischen
Einwände, aber auch mit Kenntnis der dann vor-
liegenden Itemstatistiken (= Trennschärfe und
Schwierigkeit, s. S. 11). Erscheint eine Frage als
nicht geeignet, wird sie eliminiert. Für die Berechnung der offiziellen Bestehens- und Notengrenzen werden daher nicht immer die gestellten 320 Fragen, sondern nur die in der Wertung
gebliebenen Fragen berücksichtigt.

1.4.4 Nachteilsausgleich

Für den Fall, dass ein Kandidat eine der meh-
reren möglichen Lösungen einer eliminierten
Frage gewählt hat, gilt der Nachteilsausgleich:
dem Prüfling wird dieser Punkt gut geschrieben.
Dadurch ergeben sich jedoch andere Bestehens-
und Notengrenzen, in deren Berechnung diese
Frage berücksichtigt wird. Diese Berechnungen
werden für jeden Kandidaten automatisch
durchgeführt. Zur Transparenz werden diese
Berechnungsgrundlagen auf der Internetseite
des IMPP veröffentlicht.
Sollte nach Ansicht eines Kandidaten eine Frage
strittig sein, die im Rahmen des Eliminationsver-
fahrens nicht berücksichtigt wurde, bleibt ihm
nur noch der gerichtliche Weg. Die zu beacht-
enden Fristen sind in der Ergebnismitteilung zu
finden.

Auslands-Famulatur-Endoskopie (↑ Länderinformationen)
f: (engl.) endoscopic external clinical traineeship: Ausleuch-
tung aller Möglichkeiten für eine Famulatur im Ausland.
Bei einer geplanten Auslands-Famulatur verabreicht Ihnen
Ihr Spezialist von der Deutschen Ärzte Finanz umfangreiche
Informationen über das Land, in dem Sie tätig werden
möchten – zuzahlungsfrei.

1.4.5 Gesamtnote

In die Gesamtnote fließt das Ergebnis des schriftlichen und mündlichen Teils gleich gewichtet ein. Dennoch kann eine mangelhafte Note in einem Prüfungsteil nach neuer AO nicht mehr durch eine gute Leistung in dem jeweils anderen Prüfungsteil ausgeglichen werden. Der mangelhafte oder ungenügende Prüfungsteil muss wiederholt werden.

Jeder Prüfungsteil kann dabei zweimal wiederholt werden. Eine weitere Wiederholung ist auch nach erneutem Medizinstudium NICHT zulässig. Ein bestandener Prüfungsteil darf nicht wiederholt werden. Die zuständige Stelle hat den Prüfling zur Wiederholung eines Prüfungsabschnittes oder eines Prüfungsteils im nächsten Prüfungstermin von Amtswegen zu laden.

1.5 Der MEDI-LEARN Examensservice

Um euch die 3-4 Wochen Wartezeit auf die offiziellen Ergebnisse des IMPP zu verkürzen, bietet MEDI-LEARN einen eigenen Auswertservice an.

1.5.1 Literaturauswertung

Am ersten und zweiten Tag der Physikumsprüfung wertet ein Dozententeam von MEDI-LEARN die Prüfungsfragen sofort aus und veröffentlicht die ersten vorläufigen Ergebnisse schon kurze Zeit nach Prüfungsende. Die Dozentenergebnisse vervollständigen sich im Laufe des Nachmittags, bis schließlich ein endgültiger Stand noch am Abend des ersten Prüfungstags veröffentlicht wird. Diese MEDI-LEARN-Ergebnisse weichen selten um mehr als 3 Fragen von den offiziellen Ergebnissen ab. Meist stimmen sie sogar vollständig mit ihnen überein. Die Ergebnisse findet ihr unter **www.medi-learn.de/examensservice**

1.5.2 Statistische Auswertung

Ihr habt die Möglichkeit, die eigenen Lösungen im Internet einzugeben. So könnt ihr jederzeit berechnen lassen, welche Übereinstimmung mit dem aktuellen Stand der Literaturauswertung unserer Dozenten besteht. Außerdem wird berechnet, welches die jeweils von den Studenten am häufigsten gewählte Antwortalternative ist. Diese am häufigsten gewählte Antwortalternative bezeichnen wir als statistische Lösung.

Die Fehlerquote der statistischen Lösungen ist zwar deutlich größer als die der Dozentenlösungen, aber auf ihrer Grundlage ist schon sehr bald nach Ende der Prüfung und lange vor Bekanntgabe der vollständigen Dozentenlösungen eine Einschätzung der eigenen Leistungen möglich.

Übrigens...

Mittlerweile geben mehrere tausend Studenten ihre Ergebnisse auf der Webseite von **www.medi-learn.de** ein, sodass auch recht gute Vorhersagen der Bestehensgrenze möglich sind.

1.5.3 Forum

Im MEDI-LEARN-Forum (**www.medi-learn.de/forum**) werden die Prüfungsfragen intensiv diskutiert, kritische Fragen gesammelt, Hochrechnungen der Bestehensgrenze veröffentlicht und Statements zur Prüfung abgegeben.

www.rippenspreizer.de

2 Profitipps für die MC-Prüfung

Unsere Erfahrung zeigt, dass es in MC-Prüfungen nicht oder doch zumindest nicht nur auf ein möglichst lückenloses Wissen ankommt. Vielmehr können die Besonderheiten des Multiple-Choice-Verfahrens die Prüfungsergebnisse maßgeblich beeinflussen: Während die Art der Fragestellungen manche Studenten gerade wegen umfassender Kenntnisse zu unnötig komplizierten Gedankengängen und Falschantworten verleitet, können andere durch Ausnutzung aller prüfungstypischen Besonderheiten ihre fachlichen Defizite gewinnbringend ausgleichen.

Mit den folgenden Tipps für die MC-Prüfung möchten wir euch dabei helfen, häufige Fehlerquellen auszuschalten und so eure persönliche Erfolgswahrscheinlichkeit in der Prüfung zu erhöhen.

2.1 Aufgaben der Reihe nach bearbeiten

Bearbeitet die Prüfungsaufgaben grundsätzlich der Reihe nach. Zieht die Bildfragen nicht vor und versucht auch nicht, zuerst die Fragen eures Lieblingsfaches zu lösen. Das Herausfiltern von Fragen — ganz gleich unter welchen Gesichtspunkten — kostet wertvolle Zeit, die euch später fehlt. Denkt daran, dass jede Frage, die aus Zeitgründen nicht oder nur oberflächlich behandelt werden kann, eine potentielle Falschantwort darstellt.

2.2 Markierungen

Das Examen besteht aus "binären Aussagen", die entweder richtig oder falsch sind. Die Lösung ergibt sich dann je nach Aufgabentyp aus der richtigen oder falschen Aussage.

Zur Vermeidung von Flüchtigkeitsfehlern empfehlen wir euch, in einem ersten Schritt jede Aussage als richtig oder falsch zu markieren (s. Tabelle unten). Entscheidet euch erst nach Markierung aller 5 Aussagen - je nach Aufgabentyp - aus dem Muster der richtigen oder falschen Aussagen für die Lösung und schreibt diese direkt neben die Frage.

2.3 Lösungen sofort (!) auf den Computerbogen übertragen

Nutzt beim Bearbeiten der Aufgaben in eurem Heft das oben beschriebene Markierungsschema. Schreibt dann den Lösungsbuchstaben zunächst in euer Heft und übertragt diese Lösung sofort (!) auf den Computerbogen. Wenn ihr erst am Schluss alle Aufgaben übertragt, steigt die Wahrscheinlichkeit von Übertragungsfehlern. Darüber hinaus kostet dieses Verfahren mehr Zeit, als wenn ihr nach jeder Aufgabe die ohnehin notwendige mentale Pause beim Übergang von einer Aufgabe zur nächsten mit der mechanischen Tätigkeit der Übertragung eurer Lösung auf den Computerbogen füllt.

2.4 Frei raten? - Trotzdem kreuzen!

Einige Studenten lassen bei den Aufgaben, die sie zunächst nicht lösen können, eine Lücke auf dem Computerbogen in der Vorstellung, sich diese Aufgabe später noch einmal anzuschauen und sich erst dann für eine Lösung zu entscheiden. Wir empfehlen, auch bei zunächst unlösbaren Aufgaben einen Lösungsbuchsta-

Welche Aussage trifft nicht zu?	1. Schritt		2. Schritt
	Aussage richtig?		Lösung
[A] Ein Hund ist keine Pflanze.	✓✓	(sicher richtig)	
[B] Eine Tomate ist kein Obst.	?	(weiß ich nicht)	
[C] Eine Tomate ist ein Nachtschattengewächs.	✓?	(eher richtig)	D
[D] Ein Walfisch ist kein Säugetier.	ff	(sicher falsch)	
[E] Ein Papagei ist ein Vogel.	✓✓	(sicher richtig)	

ben auf eurem Computerbogen zu markieren. Bedenkt, dass ihr später möglicherweise die eine oder andere Aufgabe übersieht oder unter Zeitdruck geraten könntet. In diesem Fall gilt, dass eine Aufgabe, bei der sich keine Markierung auf dem Computerbogen befindet, sicher falsch ist. Dagegen bietet eine - wenn auch willkürlich gesetzte - Markierung auf dem Computerbogen mit einer Ratewahrscheinlichkeit von 20% zumindest die Chance auf eine Richtigantwort. Wenn ihr einzelne Aufgaben zum Schluss noch einmal anschauen wollt, schreibt euch auf euren Heftrücken die Seite und die Aufgabennummer, um diese Aufgaben schneller wieder zu finden. Solltet ihr dann tatsächlich auf eine "gute Idee" kommen, werdet ihr wahrscheinlich auch noch genügend Zeit haben, um auf eurem Computerbogen die zunächst eingetragene Lösung auszuradieren (Das Radieren auf dem Computerbogen ist erlaubt).

2.5 Nicht zu lange an einzelnen Aufgaben aufhalten

Haltet euch nicht zu lange an einzelnen Aufgaben auf. Bedenkt, dass ihr unabhängig von der Schwierigkeit einer Aufgabe auch nur einen Punkt bekommt, wenn ihr die Aufgabe richtig habt. Es gibt keine "Bonuspunkte für besonders schwere Aufgaben". Wenn ihr nach 3 Minuten keine Lösungsidee zu einer Aufgabe habt, dann wird es nach 5 Minuten wahrscheinlich auch nicht besser aussehen. Entscheidet euch daher nach spätestens drei Minuten für eine Lösung und geht dann zur nächsten Aufgabe über.

Beachtet, dass in der Prüfung pro Aufgabe durchschnittlich 1,5 Minuten Bearbeitungszeit zur Verfügung stehen. Verschenkt daher keine unnötige Zeit mit Aufgaben, die vielleicht eine fachliche Herausforderung darstellen, letztendlich aber nur Zeit kosten, die für die Bearbeitung der verbleibenden Fragen dann fehlt.

2.6 Auf das richtige Timing kommt es an

In der Prüfung kann es passieren, dass ihr euch z.B. bei Aufgabe 107 fragt, ob ihr noch rechtzei-

tig fertig werdet. Ihr werdet auf die Uhr schauen und es ist 11:30 Uhr. Ihr beginnt zu rechnen, ohne jedoch in der Prüfungsanspannung zu einem Schluss zu kommen und werdet dann bis zum Ende der Prüfung - möglicherweise zu unrecht! - das Gefühl haben, unter Zeitdruck zu stehen, was in der Folge zu zahlreichen Flüchtigkeitsfehlern führen kann. Andererseits könnt ihr tatsächlich unter Zeitdruck geraten, indem ihr euch für die ersten Aufgaben zu viel Zeit nehmt, so dass in der verbleibenden Zeit die restlichen Fragen nicht mehr vollständig bearbeitet werden können.

Um dieser unangenehmen Situation vorzubeugen, macht euch gleich zu Klausurbeginn einen Kreis um Aufgabe 45 (= Einstundenmarke), einen Kreis um Aufgabe 85 (= Zweistundenmarke) und einen Kreis um Aufgabe 130 (= Dreistundenmarke).

So erkennt ihr rechtzeitig, ob ihr noch in der Zeit liegt und beugt unnötigem Stress vor. Darüber hinaus bietet dieses Verfahren die Möglichkeit, bei Zeitproblemen noch rechtzeitig die "Schlagzahl zu erhöhen".

2.7 Pausen in der Prüfung

Bei vielen Studenten treten nicht erklärbare Fehlerserien in den Klausuren auf. Die Serien setzen etwa bei Aufgabe 60 - 70 ein und erstrecken sich über 5 - 10 Aufgaben. Die Studenten geben häufig an, die richtige Lösung eigentlich gewusst zu haben und sich die dennoch falsche Beantwortung nicht erklären zu können.

Typisch ist, dass die Frage nach Pausen während der Prüfung von diesen Studenten in der Regel verneint wird. Gerade in der "pausenlosen" Prüfungsanspannung liegt jedoch die Erklärung für diese Fehlerserien. Der Geist nimmt sich eine Zwangspause und schaltet auf "economy-mode". Durch den wachsenden Konzentrationsverlust ergeben sich dann die typischerweise ab Aufgabe 60 einsetzenden Flüchtigkeitsfehler.

Um dem vorzubeugen empfehlen wir, in der Prüfung rechtzeitig Pausen einzulegen. Nutzt dabei die bereits gesetzten Marken und macht bei Aufgabe 45, Aufgabe 85 und Aufgabe 130 (= nach ca. jeweils einer Stunde) eine Pause.

2.8 Korrigiert eure Ergebnisse nicht kaputt

Wenn ihr gegen Klausurende noch Zeit habt, solltet ihr es vermeiden, ziellos durch euer Heft zu blättern. Euer Blick wird zufällig an der einen oder anderen Aufgabe haften bleiben, ihr werdet die gewählte Lösung noch einmal überdenken und möglicherweise verwerfen. Die Erfahrung zeigt jedoch, dass auf diese Weise Aufgaben eher "kaputt korrigiert" werden, als dass eine Korrektur von Falsch- zu Richtigantworten erfolgt.

Das liegt daran, dass eure Konzentrations- und Leistungsfähigkeit nach einer 4-stündigen Bearbeitungszeit erheblich verringert ist, so dass die im ersten Durchgang gefundenen Lösungen mit einer höheren Wahrscheinlichkeit zutreffen.

Solltet ihr gegen Klausurende noch einen Korrekturdurchlauf planen, beschränkt euch am besten auf die Aufgaben, die ihr im ersten Durchgang lediglich geraten habt und die ihr - durch einen entsprechenden Vermerk auf der Rückseite eures Aufgabenhefts - von Anfang an für eine mögliche Korrektur vorgesehen hattet.

2.9 Zeigarnikeffekt

Während der Prüfung werden euch die Aufgaben besonders in Erinnerung bleiben, für die ihr keine Lösung kennt. Diese Aufgaben summieren sich und bleiben besser im Gedächtnis haften, als Aufgaben, deren Antwort euch auf Anhieb klar ist. Im Laufe der Prüfung verstärkt sich so das Gefühl wesentlich mehr Aufgaben falsch als richtig zu haben.

Bedenkt jedoch, dass dieses Gefühl aufgrund eines gedächtnispsychologischen Effekts entsteht, dem "Zeigarnikeffekt". In der Psychologie beschreibt dieser Effekt das Phänomen, dass die Dinge am besten behalten werden, die die höchste Spannung hinterlassen. Eure Hochrechnung ist also keineswegs repräsentativ. Erinnert ihr euch noch an vorangegangene Prüfungen, z.B. das Abitur? Ihr werdet auch hier eher die Fragen erinnern, auf die ihr keine Antwort wusstet. Es muss jedoch auch Fragen gegeben haben, die ihr richtig beantwortet habt, denn sonst hättet ihr diese Prüfung nicht bestanden.

2.10 Testtheoretischer Exkurs (Fifty-Fifty-Fragen)

Es besteht ein unmittelbarer Zusammenhang zwischen Trennschärfe und Schwierigkeit einer Aufgabe (s. Kapitel 3, S. 11). Sehr leichte Aufgaben, also Aufgaben, die jeder lösen kann, haben keine Trennschärfe. Das gleiche gilt für sehr schwere Aufgaben. Die Aufgaben müssen aber aus testtheoretischen Erwägungen so konstruiert sein, dass Aufgaben eine optimale Trennschärfe haben. Daher versucht man, möglichst viele Aufgaben zu stellen, die eine mittlere Schwierigkeit haben (= Schwierigkeitsindex von 50%). Konkret sind das die Aufgaben, bei denen ihr euch zwischen zwei der fünf Antwortalternativen nicht entscheiden könnt (ist es nun B oder C?). Subjektiv hinterlässt die hier auftretende Entscheidungsunsicherheit bei euch das Gefühl der Unwissenheit. Tatsächlich ist es jedoch so, dass ihr mit der Reduzierung der Antwortmöglichkeiten auf zwei Alternativen bereits im Erwartungsbereich der Frage liegt.

Biochemie-Punktion (↑ Stoffwechselposter)

ƒ: (engl.) biochemical punction; Zugang zu vorklinischem Fach mit dem Ziel der direkten Gewinnung von examens-relevanten Fakten der molekular-zellulären Vorgänge mit anschließendem Extraktionsverfahren durch die Examens-experten von MEDI-LEARN. Extrakt-Verfügbarkeit in Form eines DIN A1 Posters bei den Heilberufe-Spezialisten der Deutschen Ärzte Finanz – rezeptfreie Abgabe.

3 Itemstatistiken

An dieser Stelle bieten wir euch noch einige sehr differenzierte Statistiken, die wir im Rahmen unseres Examensservices erhoben haben und die den IMPP-Statistiken sehr nahe kommen:

3.1 Schwierigkeitsindex

Der Schwierigkeitsindex einer Frage ergibt sich aus dem Anteil der Examenskandidaten, die sich für die richtige Antwortalternative entschieden haben. So bedeutet ein Index von 95%, dass 95% der Kandidaten diese Frage richtig beantwortet haben. Ein Schwierigkeitsindex von 20% besagt entsprechend, dass nur 20% der Prüflinge diese Frage richtig lösen konnten. Je höher der Index desto leichter ist also die Frage.

> **Übrigens...**
> In unserem Antwortbogen haben wir für eine schnelle Einordnung der Fragen das schwerste Drittel der Fragen mit "S", das mittlere Drittel mit "M" und das leichteste Drittel mit "L" klassifiziert.

3.2 Trennschärfe

Weiterhin könnt ihr anhand der Itemstatistiken erkennen, wie hoch die Trennschärfe einer Frage ist. Die Trennschärfe errechnet sich aus der Korrelation zwischen dem Ergebnis der Frage und dem Gesamtergebnis.

Eine hohe Trennschärfe hat eine Frage dann, wenn Fragen häufiger von Studenten mit insgesamt hoher Gesamtpunktzahl gegenüber Studenten mit niedriger Gesamtpunktzahl beantwortet wurden. Eine Trennschärfe im Bereich um Null besagt, dass es keine unterschiedlichen Antworttendenzen zwischen den Examenskandidaten mit gutem und schlechtem Gesamtergebnis gibt. Eine negative Trennschärfe findet sich, wenn eine Frage häufiger von Studenten mit insgesamt niedriger Gesamtpunktzahl gegenüber Studenten mit hoher Gesamtpunktzahl richtig beantwortet wurde.

> **Übrigens...**
> Bei der Zusammenstellung einer Prüfung ist man bestrebt, hinsichtlich der Schwierigkeiten das gesamte Spektrum von leicht bis schwer abzudecken, da eine Prüfung ja auch für „Einserkandidaten" Fragen bereit stellen soll. Hinsichtlich der Trennschärfe sind Testkonstrukteure hingegen bestrebt, nur Fragen mit möglichst hoher Trennschärfe zu verwenden.

3.3 Interpretation der Generalprobe

Habt ihr die Fragen der Generalprobe entsprechend der Instruktion bearbeitet (s. Vorwort), so lassen sich auf Grundlage dieser Ergebnisse gewisse Vorhersagen für die Prüfung treffen:

Die Erfahrung zeigt, dass die tatsächlichen Prüfungsergebnisse in engen Grenzen um die Ergebnisse der Generalprobe schwanken. Auf Grundlage dieser Schwankungsbreiten und unter Berücksichtigung der in ebenfalls bekannten Grenzen variierenden Bestehensgrenzen der Examina lassen sich Wahrscheinlichkeiten berechnen, mit denen die jeweiligen Notengrenzen im tatsächlichen Examen überschritten werden.

> **Übrigens...**
> Wer seine persönliche Notenprognose wissen will, kann das Ergebnis seiner Generalprobe im Internet auf **www.medi-learn.de/generalprobe** eingeben und erhält anschließend sehr differenzierte Berechnungen.

3.4 Itemstatistik Physikum Herbst 09 Tag 1

Frage	Fach	Lösung	richtig?	Schwierigkeit	Trennschärfe	Die Prüflinge haben gekreuzt:				
						A	B	C	D	E
1	ph	A	○	94%	0,28	94%	1%	2%	3%	0%
2	ph	C	○	90%	0,29	4%	2%	90%	1%	3%
3	ph	E	○	85%	0,37	7%	2%	1%	5%	85%
4	ph	B	○	66%	0,23	16%	66%	8%	4%	5%
5	ph	E	○	26%	0,09	14%	25%	15%	20%	26%
6	ph	C	○	36%	0,33	45%	3%	36%	15%	1%
7	ph	D	○	37%	0,21	10%	15%	9%	37%	28%
8	ph	E	○	71%	0,13	10%	2%	13%	3%	71%
9	bc	C	○	59%	0,34	6%	9%	59%	12%	15%
10	bc	D	○	78%	0,33	7%	12%	2%	78%	1%
11	bc	A	○	88%	0,32	88%	1%	5%	2%	4%
12	bc	E	○	95%	0,40	1%	2%	1%	2%	95%
13	bc	E	○	27%	0,29	6%	28%	26%	13%	27%
14	bc	A	○	75%	0,53	75%	4%	6%	10%	6%
15	bc	E	○	82%	0,26	2%	10%	3%	3%	82%
16	bc	D	○	71%	0,39	18%	3%	7%	71%	2%
17	bc	D	○	71%	0,40	5%	15%	8%	71%	2%
18	bc	A	○	21%	0,23	21%	17%	16%	34%	12%
19	bc	C	○	25%	0,17	35%	7%	25%	12%	20%
20	bc	B	○	24%	0,24	20%	24%	22%	14%	20%
21	bc	B	○	72%	0,40	10%	72%	4%	5%	9%
22	bc	B	○	24%	-0,10	5%	24%	41%	24%	6%
23	bc	C	○	54%	0,40	36%	8%	54%	3%	0%
24	bc	D	○	81%	0,27	11%	1%	3%	81%	3%
25	bc	E	○	98%	0,16	0%	1%	1%	0%	98%
26	bc	A	○	81%	0,31	81%	9%	3%	2%	5%
27	bc	E	○	98%	0,24	0%	0%	1%	1%	98%
28	bc	A	○	56%	0,33	56%	2%	38%	1%	3%
29	bc	E	○	66%	0,41	13%	8%	2%	11%	66%
30	bc	C	○	77%	0,34	13%	0%	77%	3%	6%
31	bc	E	○	41%	0,26	23%	18%	8%	11%	41%
32	bc	D	○	89%	0,33	2%	4%	2%	89%	3%
33	bc	C	○	93%	0,33	1%	2%	93%	2%	2%
34	bc	A	○	48%	0,40	48%	14%	12%	12%	15%
35	bc	D	○	90%	0,26	3%	3%	1%	90%	2%
36	bc	E	○	93%	0,38	4%	0%	2%	2%	93%
37	bc	C	○	61%	0,28	12%	22%	61%	2%	3%
38	bc	C	○	76%	0,31	16%	2%	76%	3%	4%
39	bc	D	○	66%	0,37	29%	1%	2%	66%	2%
40	bc	D	○	74%	0,30	8%	4%	9%	74%	5%

N = 2822 MEDI-LEARN-User von 7139 Examenskandidaten

Frage	Fach	Lösung	richtig?	Schwierigkeit	Trennschärfe	Die Prüflinge haben gekreuzt:				
						A	B	C	D	E
41	bc	A	○	93%	0,33	93%	1%	3%	3%	1%
42	bc	E	○	85%	0,36	1%	10%	2%	2%	85%
43	bc	A	○	92%	0,20	92%	1%	3%	4%	0%
44	bc	D	○	67%	0,39	6%	3%	20%	67%	4%
45	bc	C	○	55%	0,35	4%	26%	55%	2%	13%
46	bc	A	○	74%	0,33	74%	24%	1%	0%	0%
47	bc	C	○	86%	0,42	1%	7%	86%	5%	1%
48	bc	D	○	75%	0,29	2%	8%	2%	75%	14%
49	pl	A	○	96%	0,38	96%	1%	1%	2%	1%
50	bc	C	○	49%	0,13	21%	7%	49%	3%	20%
51	pl	B	○	31%	0,19	27%	31%	16%	12%	14%
52	bc	B	○	39%	0,27	4%	39%	4%	3%	50%
53	ph	D	○	4%	-0,07	8%	3%	84%	4%	2%
54	bc	A	○	23%	0,03	23%	53%	10%	10%	3%
55	bc	A	○	69%	0,48	69%	4%	14%	5%	9%
56	bc	D	○	90%	0,44	3%	2%	2%	90%	3%
57	bc	E	○	82%	0,40	2%	7%	3%	6%	82%
58	bc	A	○	80%	0,30	80%	4%	12%	2%	3%
59	bc	E	○	86%	0,30	1%	4%	10%	0%	86%
60	bc	D	○	87%	0,38	3%	87%	1%	8%	1%
61	bc	A	○	17%	0,13	17%	31%	4%	42%	6%
62	bc	C	○	66%	0,35	17%	14%	66%	2%	1%
63	bc	B	○	84%	0,40	2%	84%	0%	4%	3%
64	bc	D	○	73%	0,38	10%	8%	8%	73%	1%
65	ph	B	○	57%	0,32	11%	57%	22%	8%	3%
66	bc	E	○	72%	0,22	3%	19%	4%	1%	72%
67	bc	E	○	94%	0,29	1%	2%	2%	1%	94%
68	pl	C	○	43%	0,32	6%	8%	43%	39%	4%
69	bc	C	○	40%	0,32	7%	8%	40%	37%	7%
70	bc	B	○	83%	0,38	8%	83%	1%	7%	1%
71	pl	A	○	92%	0,31	92%	2%	2%	2%	2%
72	bc	E	○	86%	0,47	3%	3%	5%	3%	86%
73	pl	C	○	51%	0,38	0%	1%	51%	11%	37%
74	pl	B	○	93%	0,33	1%	93%	3%	3%	1%
75	bc	B	○	80%	0,31	12%	80%	3%	0%	5%
76	bc	D	○	79%	0,42	10%	1%	1%	79%	10%
77	pl	A	○	72%	0,40	72%	15%	5%	4%	4%
78	pl	A	○	57%	0,24	57%	6%	16%	15%	6%
79	pl	D	○	57%	0,24	2%	23%	15%	57%	2%
80	ph	A	○	23%	0,37	23%	18%	19%	32%	8%

ph = Physik, pl = Physiologie, bc= Biochemie/Chemie

Frage	Fach	Lösung	richtig?	Schwierigkeit	Trennschärfe	Die Prüflinge haben gekreuzt:				
						A	B	C	D	E
81	ph	D	○	42%	0,20	13%	9%	20%	42%	16%
82	pl	D	○	66%	0,33	0%	1%	27%	66%	5%
83	bc	D	○	83%	0,30	3%	8%	3%	83%	3%
84	pl	C	○	85%	0,40	1%	10%	85%	3%	1%
85	pl	D	○	60%	0,38	1%	7%	29%	60%	3%
86	pl	C	○	38%	0,32	5%	11%	38%	22%	24%
87	pl	D	○	82%	0,41	1%	2%	1%	82%	14%
88	pl	D	○	85%	0,29	2%	4%	7%	85%	2%
89	pl	A	○	85%	0,50	85%	11%	1%	2%	1%
90	bc	D	○	80%	0,25	9%	1%	2%	80%	9%
91	pl	D	○	52%	0,38	5%	3%	8%	52%	33%
92	pl	D	○	59%	0,27	7%	4%	22%	59%	8%
93	pl	B	○	71%	0,33	11%	71%	14%	2%	3%
94	pl	B	○	89%	0,40	3%	89%	2%	2%	4%
95	pl	C	○	77%	0,43	7%	7%	77%	7%	3%
96	pl	C	○	86%	0,36	1%	4%	86%	2%	7%
97	pl	A	○	90%	0,29	90%	2%	2%	3%	3%
98	pl	B	○	62%	0,29	2%	62%	7%	4%	24%
99	pl	B	○	82%	0,23	3%	82%	3%	10%	2%
100	bc	B	○	48%	0,08	5%	48%	37%	7%	4%
101	bc	B	○	59%	0,48	13%	59%	1%	5%	21%
102	pl	A	○	96%	0,32	96%	1%	1%	0%	2%
103	pl	D	○	65%	0,38	4%	9%	15%	65%	7%
104	pl	A	○	72%	0,31	72%	2%	4%	14%	7%
105	bc	A	○	63%	0,29	63%	11%	15%	5%	5%
106	pl	C	○	62%	0,24	3%	10%	62%	9%	17%
107	pl	C	○	67%	0,42	21%	4%	67%	2%	7%
108	ph	D	○	68%	0,15	3%	8%	16%	68%	4%
109	pl	E	○	92%	0,37	2%	2%	3%	1%	92%
110	bc	A	○	13%	0,13	13%	11%	72%	3%	1%
111	pl	B	○	74%	0,44	9%	74%	3%	7%	7%
112	pl	C	○	62%	0,32	2%	31%	62%	2%	3%
113	pl	E	○	78%	0,29	7%	3%	4%	9%	78%
114	pl	C	○	95%	0,36	1%	0%	95%	1%	2%
115	pl	C	○	84%	0,31	1%	5%	84%	1%	9%
116	pl	C	○	73%	0,31	7%	9%	73%	1%	11%
117	pl	E	○	71%	0,49	15%	9%	4%	2%	71%
118	ph	C	○	76%	0,39	4%	7%	76%	11%	2%
119	pl	B	○	70%	0,29	2%	70%	7%	13%	9%
120	pl	B	○	81%	0,40	9%	81%	3%	4%	4%

N = 2822 MEDI-LEARN-User von 7139 Examenskandidaten

Frage	Fach	Lösung	richtig?	Schwierigkeit	Trennschärfe	Die Prüflinge haben gekreuzt:				
						A	B	C	D	E
121	pl	A	⃝	78%	0,33	78%	2%	8%	11%	2%
122	pl	C	⃝	71%	0,33	2%	16%	71%	8%	4%
123	ph	D	⃝	67%	0,22	3%	15%	3%	67%	12%
124	pl	B	⃝	79%	0,46	6%	79%	4%	4%	7%
125	pl	D	⃝	74%	0,37	5%	2%	10%	74%	10%
126	pl	A	⃝	84%	0,38	84%	13%	1%	0%	1%
127	bc	B	⃝	95%	0,34	1%	95%	1%	0%	2%
128	bc	C	⃝	67%	0,39	24%	3%	67%	4%	2%
129	pl	B	⃝	85%	0,25	8%	85%	3%	2%	2%
130	bc	E	⃝	78%	0,40	3%	6%	7%	7%	78%
131	bc	C	⃝	90%	0,38	1%	5%	90%	1%	2%
132	bc	E	⃝	87%	0,48	2%	4%	6%	2%	87%
133	bc	C	⃝	67%	0,32	4%	13%	67%	13%	3%
134	pl	E	⃝	81%	0,38	2%	12%	2%	3%	81%
135	pl	B	⃝	79%	0,46	9%	79%	2%	8%	2%
136	pl	A	⃝	88%	0,41	88%	5%	5%	1%	1%
137	pl	E	⃝	60%	0,32	4%	6%	1%	29%	60%
138	bc	B	⃝	91%	0,26	0%	91%	2%	3%	3%
139	pl	B	⃝	33%	0,29	30%	33%	21%	12%	4%
140	pl	A	⃝	22%	0,24	22%	40%	2%	7%	29%
141	pl	D	⃝	47%	0,25	9%	8%	28%	47%	8%
142	pl	D	⃝	95%	0,34	1%	2%	1%	95%	1%
143	pl	A	⃝	71%	0,27	71%	3%	3%	4%	20%
144	bc	C	⃝	82%	0,33	1%	8%	82%	8%	1%
145	bc	C	⃝	86%	0,40	1%	0%	86%	12%	1%
146	pl	D	⃝	85%	0,41	2%	2%	7%	85%	3%
147	pl	A	⃝	97%	0,35	97%	0%	1%	1%	1%
148	pl	E	⃝	89%	0,40	1%	9%	1%	1%	89%
149	pl	E	⃝	46%	0,29	12%	8%	9%	25%	46%
150	bc	E	⃝	58%	0,37	7%	10%	10%	15%	58%
151	pl	B	⃝	84%	0,42	2%	84%	3%	4%	7%
152	pl	A	⃝	61%	0,29	61%	30%	8%	1%	0%
153	bc	E	⃝	94%	0,34	3%	1%	0%	2%	94%
154	bc	A	⃝	71%	0,40	71%	7%	16%	4%	2%
155	bc	A	⃝	85%	0,51	85%	3%	2%	4%	7%
156	bc	C	⃝	33%	0,19	15%	8%	33%	23%	21%
157	pl	B	⃝	94%	0,33	2%	94%	2%	0%	1%
158	pl	B	⃝	89%	0,38	3%	89%	1%	3%	3%
159	pl	A	⃝	53%	0,27	53%	12%	11%	18%	7%
160	pl	C	⃝	14%	0,05	9%	5%	14%	11%	60%

ph = Physik, pl = Physiologie, bc = Biochemie/Chemie

3.5 Itemstatistik Physikum Herbst 09 Tag 2

Frage	Fach	Lösung	richtig?	Schwierigkeit	Trennschärfe	A	B	C	D	E
						Die Prüflinge haben gekreuzt:				
1	ana	A	○	93%	0,22	93%	3%	1%	3%	1%
2	bio	B	○	46%	0,09	5%	46%	4%	42%	3%
3	bio	C	○	79%	0,33	1%	10%	79%	1%	10%
4	bio	D	○	19%	0,17	14%	25%	5%	19%	37%
5	bio	C	○	80%	0,30	1%	6%	80%	12%	1%
6	bio	D	○	23%	0,17	33%	2%	32%	23%	10%
7	bio	C	○	76%	0,23	5%	8%	76%	8%	3%
8				nicht gewertet						
9	bio	C	○	46%	0,22	22%	26%	46%	5%	2%
10	bio	A	○	93%	0,21	93%	1%	0%	4%	1%
11	bio	E	○	91%	0,23	2%	4%	2%	1%	91%
12	bio	D	○	39%	0,27	3%	7%	17%	39%	35%
13	ana	E	○	25%	0,30	1%	5%	31%	39%	25%
14	bio	A	○	41%	0,24	41%	24%	9%	13%	13%
15	bio	B	○	74%	0,35	3%	74%	8%	14%	1%
16	bio	C	○	78%	0,30	13%	4%	78%	4%	1%
17	bio	B	○	76%	0,26	4%	76%	6%	8%	6%
18	bio	D	○	51%	0,37	26%	14%	6%	51%	4%
19	bio	B	○	76%	0,25	3%	76%	17%	4%	1%
20	bio	B	○	46%	0,32	22%	46%	8%	8%	16%
21	bio	D	○	44%	0,29	11%	10%	16%	44%	19%
22	ana	B	○	13%	0,05	6%	13%	19%	51%	11%
23	ana	A	○	23%	0,05	23%	35%	28%	5%	9%
24	ana	D	○	80%	0,42	1%	3%	15%	80%	1%
25	ana	E	○	75%	0,28	3%	7%	5%	10%	75%
26	ana	E	○	55%	0,36	5%	6%	16%	19%	55%
27	ana	C	○	45%	0,38	7%	24%	45%	17%	7%
28	ana	E	○	55%	0,30	22%	10%	7%	5%	55%
29	ana	C	○	81%	0,28	1%	3%	81%	14%	2%
30	ana	E	○	82%	0,18	12%	3%	0%	2%	82%
31	ana	B	○	45%	0,17	17%	45%	25%	8%	5%
32	ana	C	○	78%	0,32	14%	2%	78%	3%	3%
33	ana	C	○	84%	0,41	1%	8%	84%	2%	6%
34	ana	B	○	61%	0,20	12%	61%	12%	10%	5%
35	ana	C	○	80%	0,35	2%	1%	80%	8%	9%
36	ana	D	○	53%	0,15	16%	20%	6%	53%	5%
37	ana	D	○	96%	0,31	3%	0%	0%	96%	0%
38	ana	C	○	82%	0,30	7%	5%	82%	5%	2%
39	ana	A	○	64%	0,17	64%	15%	9%	7%	5%
40	ana	C	○	86%	0,38	7%	3%	86%	0%	3%

N = 2822 MEDI-LEARN-User von 7139 Examenskandidaten

Frage	Fach	Lösung	richtig?	Schwierigkeit	Trennschärfe	Die Prüflinge haben gekreuzt:				
						A	B	C	D	E
41	ana	C	○	65%	0,36	9%	22%	65%	0%	4%
42	ana	B	○	71%	0,45	4%	71%	8%	3%	15%
43	ana	A	○	36%	0,30	36%	5%	15%	13%	31%
44	ana	B	○	68%	0,32	9%	68%	9%	11%	3%
45	ana	E	○	82%	0,30	4%	3%	3%	8%	82%
46	ana	A	○	80%	0,39	80%	4%	4%	5%	7%
47	ana	D	○	60%	0,26	1%	26%	11%	60%	2%
48	ana	D	○	50%	0,24	13%	30%	1%	50%	6%
49	ana	D	○	83%	0,34	5%	2%	2%	83%	8%
50	ana	D	○	90%	0,37	2%	5%	0%	90%	3%
51	ana	B	○	63%	0,37	10%	63%	19%	5%	4%
52	ana	E	○	87%	0,37	2%	0%	9%	2%	87%
53	ana	A	○	90%	0,33	90%	1%	3%	6%	1%
54	ana	C	○	62%	0,26	10%	9%	62%	9%	9%
55	ana	D	○	68%	0,36	6%	3%	19%	68%	4%
56	ana	A	○	85%	0,20	85%	4%	3%	4%	4%
57	ana	D	○	47%	0,16	28%	16%	5%	47%	4%
58	ana	C	○	68%	0,31	4%	6%	68%	15%	8%
59	ana	E	○	86%	0,30	1%	4%	4%	5%	86%
60	ana	B	○	88%	0,29	8%	88%	1%	1%	2%
61	ana	A	○	74%	0,25	74%	4%	4%	14%	4%
62	ana	F	○	92%	0,32	2%	1%	2%	4%	92%
63	ana	D	○	20%	0,03	20%	15%	26%	20%	18%
64	ana	A	○	79%	0,28	79%	3%	9%	7%	3%
65	ana	C	○	27%	0,09	4%	1%	27%	23%	45%
66	ana	E	○	56%	0,24	1%	3%	3%	37%	56%
67	ana	E	○	67%	0,31	9%	4%	18%	2%	67%
68	ana	A	○	57%	0,28	57%	19%	1%	8%	15%
69	ana	D	○	59%	0,14	15%	16%	6%	59%	5%
70	ana	D	○	28%	0,19	1%	12%	45%	28%	15%
71	ana	E	○	80%	0,34	4%	8%	6%	2%	80%
72	ana	D	○	58%	0,35	5%	19%	2%	58%	15%
73	ana	D	○	64%	0,36	3%	9%	19%	64%	5%
74	ana	E	○	30%	0,27	4%	3%	60%	3%	30%
75	ana	D	○	79%	0,30	5%	13%	3%	79%	0%
76	ana	C	○	82%	0,36	8%	1%	82%	1%	8%
77	ana	D	○	91%	0,36	0%	1%	2%	91%	5%
78	ana	E	○	89%	0,35	4%	0%	5%	2%	89%
79	ana	A	○	79%	0,43	79%	6%	6%	5%	4%
80	ana	D	○	53%	0,26	8%	6%	31%	53%	2%

bio = Biologie, ana = Anatomie/Histologie, ps= Psychologie/Soziologie

Frage	Fach	Lösung	richtig?	Schwierigkeit	Trennschärfe	Die Prüflinge haben gekreuzt:				
						A	B	C	D	E
81	ana	A	○	54%	0,23	54%	12%	24%	5%	6%
82	ana	A	○	67%	0,26	67%	3%	9%	11%	10%
83	ana	A	○	63%	0,38	63%	25%	10%	1%	2%
84	ana	E	○	80%	0,39	2%	2%	8%	9%	80%
85	ana	E	○	92%	0,33	2%	5%	1%	1%	92%
86	ana	B	○	74%	0,28	6%	74%	7%	3%	10%
87	ana	A	○	91%	0,26	91%	1%	5%	3%	1%
88	ana	C	○	78%	0,28	8%	2%	78%	1%	11%
89	ana	A	○	67%	0,39	67%	11%	10%	6%	6%
90	ana	D	○	58%	0,39	5%	31%	5%	58%	1%
91	ana	C	○	85%	0,22	2%	1%	85%	10%	2%
92	ana	C	○	85%	0,41	3%	3%	85%	4%	5%
93	ana	C	○	85%	0,39	7%	2%	85%	5%	1%
94	ana	D	○	83%	0,32	3%	7%	6%	83%	1%
95	ana	C	○	46%	0,28	11%	24%	46%	11%	8%
96	ana	C	○	85%	0,26	3%	1%	85%	7%	4%
97	ana	C	○	94%	0,39	3%	0%	94%	2%	2%
98	ana	A	○	95%	0,27	95%	1%	2%	1%	1%
99	ana	A	○	41%	0,34	41%	2%	11%	20%	25%
100	bio	C	○	45%	0,16	4%	41%	45%	5%	6%
101	ps	E	○	98%	0,38	0%	0%	0%	1%	98%
102	ps	B	○	91%	0,30	1%	91%	2%	4%	3%
103	ps	C	○	95%	0,34	1%	2%	95%	1%	1%
104	ps	A	○	74%	0,29	74%	2%	10%	8%	5%
105	ps	B	○	64%	0,23	6%	64%	17%	7%	6%
106	ps	A	○	62%	0,08	62%	1%	28%	4%	5%
107	ps	A	○	50%	0,24	50%	23%	13%	4%	10%
108	ps	A	○	98%	0,31	98%	1%	0%	0%	1%
109	ps	E	○	85%	0,23	0%	2%	13%	0%	85%
110	ps	C	○	54%	0,18	9%	36%	54%	0%	0%
111	ps	D	○	80%	0,29	2%	1%	5%	80%	11%
112	ps	E	○	93%	0,26	1%	2%	2%	2%	93%
113	ps	C	○	90%	0,25	6%	2%	90%	1%	1%
114	ps	A	○	96%	0,22	96%	0%	2%	1%	1%
115	ps	C	○	32%	0,27	3%	14%	32%	6%	45%
116	ps	E	○	83%	0,29	7%	6%	2%	2%	83%
117	ps	B	○	52%	0,27	16%	52%	8%	7%	17%
118	ps	C	○	91%	0,26	1%	3%	91%	4%	2%
119	ps	D	○	87%	0,23	1%	5%	5%	87%	2%
120	ps	C	○	89%	0,26	1%	2%	89%	7%	1%

N = 2822 MEDI-LEARN-User von 7139 Examenskandidaten

Frage	Fach	Lösung	richtig?	Schwierigkeit	Trennschärfe	Die Prüflinge haben gekreuzt:				
						A	B	C	D	E
121	ps	D	○	54%	0,33	1%	9%	31%	54%	5%
122	ps	A	○	72%	0,30	72%	24%	3%	1%	0%
123	ps	C	○	89%	0,19	0%	5%	89%	1%	5%
124	ps	C	○	88%	0,30	3%	3%	88%	0%	5%
125	ps	B	○	88%	0,26	0%	88%	0%	8%	4%
126	ps	E	○	85%	0,21	5%	1%	5%	2%	85%
127	ps	A	○	75%	0,26	75%	11%	3%	7%	5%
128	ps	D	○	54%	0,29	23%	9%	5%	54%	9%
129	ps	E	○	74%	0,30	16%	3%	4%	3%	74%
130	ps	A	○	33%	0,23	33%	11%	8%	32%	16%
131	ps	B	○	97%	0,16	1%	97%	1%	0%	1%
132	ps	B	○	84%	0,32	3%	84%	3%	0%	9%
133	ps	C	○	83%	0,31	3%	2%	83%	4%	8%
134	ps	E	○	47%	0,26	39%	11%	2%	1%	47%
135	ps	D	○	51%	0,29	9%	4%	31%	51%	5%
136	ps	C	○	20%	0,22	20%	2%	20%	33%	26%
137	ps	E	○	71%	0,22	16%	1%	5%	8%	71%
138	ps	B	○	84%	0,26	7%	84%	8%	0%	1%
139	ps	B	○	78%	0,34	5%	78%	10%	0%	7%
140	ps	D	○	64%	0,25	6%	20%	6%	64%	3%
141	ps	C	○	82%	0,40	9%	1%	82%	3%	5%
142	ps	D	○	80%	0,29	5%	6%	4%	80%	5%
143	ps	C	○	83%	0,16	1%	3%	80%	2%	11%
144	ps	A	○	91%	0,18	91%	5%	1%	1%	1%
145	ps	B	○	92%	0,28	3%	92%	0%	1%	3%
146	ps	D	○	52%	0,09	8%	24%	1%	52%	15%
147	ps	D	○	41%	0,19	2%	2%	6%	41%	49%
148	ps	C	○	93%	0,32	6%	1%	93%	0%	0%
149	ps	B	○	84%	0,33	2%	84%	1%	0%	13%
150	ps	E	○	90%	0,29	0%	3%	5%	2%	90%
151	ps	E	○	93%	0,21	1%	1%	5%	0%	93%
152	ps	B	○	80%	0,28	8%	80%	8%	3%	0%
153	ps	D	○	91%	0,26	1%	1%	4%	91%	3%
154	ps	E	○	45%	0,18	7%	18%	19%	10%	45%
155	ps	C	○	71%	0,15	2%	3%	71%	8%	17%
156	ps	C	○	65%	0,19	2%	27%	65%	3%	4%
157	ps	E	○	52%	0,32	1%	1%	40%	6%	52%
158	ps	A	○	87%	0,22	87%	5%	3%	4%	1%
159	ps	D	○	58%	0,28	3%	16%	4%	58%	18%
160	ps	E	○	60%	0,27	1%	4%	2%	32%	60%

bio = Biologie, ana = Anatomie/Histologie, ps= Psychologie/Soziologie

3.6 Kennwerte des Examens Herbst 09

3.6.1 Eckdaten

Prüfungsaufgaben	319	
Gesamtdurchschnitt	223,2 Punkte	(70 %)
Mittelwert der Erstteilnehmer/-innen mit Mindeststudienzeit	233,9 Punkte	(73,3 %)
Bestehensgrenze	183 Punkte	

3.6.2 Notengrenzen

sehr gut (1)	285 bis 319 Punkte
gut (2)	251 bis 284 Punkte
befriedigend (3)	217 bis 250 Punkte
ausreichend (4)	183 bis 216 Punkte
nicht ausreichend (5)	0 bis 182 Punkte

3.6.3 Nach Fächern differenzierte Durchschnittsleistung aller Studenten

	Bundesschnitt	Fragen Anzahl			
		Gesamt	leicht	mittel	schwer
Physik	57,4 %	15	3	5	7
Physiologie	72,2 %	65	23	22	20
Biochemie/Chemie	69,3 %	80	27	30	23
Biologie	58,6 %	19	2	7	10
Anatomie/Histologie	68,4 %	80	23	28	29
Psychologie/Soziologie	75,2 %	60	29	14	17
Gesamt		319	107	106	106
Mittlere Schwierigkeit	**70,0 %**		**89 %**	**74 %**	**44 %**

Das schwerste Drittel aller Fragen wurde mit "schwer", das mittlere Drittel mit "mittel" und das leichteste Drittel mit "leicht" klassifiziert.

Ausführliche Informationen finden sich unter
www.impp.de

Eine nach Fächern differenzierte Leistungsbeurteilung findet ihr auf
www.medi-learn.de/generalprobe

MEDI-LEARN *KaLEARNder*

„Lernen nach Maß!"

Der MEDI-LEARN KaLEARNder ist ideal zur Erstellung deines eigenen Lernplans für das Sommer- und Wintersemester.
www.medi-learn.de/kalearnder

Klick
dich rein!

www.medi-learn.de

Lösungsbogen Tag 1 — Physikum Herbst 2009

Frage	Lösung	ph	pl	bc	L	M	S
1	A	O			O		
2	C	O			O		
3	E	O			O		
4	B	O				O	
5	E	O					O
6	C	O					O
7	D	O					O
8	E	O				O	
9	C			O			O
10	D		O			O	
11	A		O		O		
12	E		O		O		
13	E		O				O
14	A		O			O	
15	E		O			O	
16	D		O			O	
17	D		O			O	
18	A		O				O
19	C		O				O
20	B		O				O
21	B		O			O	
22	B		O				O
23	C		O				O
24	D		O			O	
25	E		O		O		
26	A		O			O	
27	E		O		O		
28	A		O				O
29	E		O			O	
30	C		O			O	
31	E		O				O
32	D		O		O		
33	C		O		O		
34	A		O				O
35	D		O		O		
36	E		O		O		
37	C		O				O
38	C		O			O	
39	D		O			O	
40	D		O			O	

Frage	Lösung	ph	pl	bc	L	M	S
41	A			O	O		
42	E			O	O		
43	A			O	O		
44	D			O		O	
45	C			O			O
46	A			O		O	
47	C			O	O		
48	D			O		O	
49	A		O		O		
50	C			O			O
51	B		O				O
52	B			O			O
53	D	O					O
54	A			O			O
55	A			O		O	
56	D			O	O		
57	E			O		O	
58	A			O		O	
59	E			O	O		
60	B			O	O		
61	A			O			O
62	C			O		O	
63	B			O	O		
64	D			O		O	
65	B	O					O
66	E			O		O	
67	E			O	O		
68	C		O				O
69	C			O			O
70	B			O	O		
71	A		O		O		
72	E			O	O		
73	C			O			O
74	B			O	O		
75	B			O		O	
76	D			O		O	
77	A		O			O	
78	A		O				O
79	D		O				O
80	A	O					O

Das schwerste Drittel der Fragen wurde mit "S", das mittlere Drittel mit "M" und das leichteste Drittel mit "L" klassifiziert.

Lösungsbogen Tag 1 — Physikum Herbst 2009

Frage	Lösung	ph	pl	bc	L	M	S
81	D	O					O
82	D		O			O	
83	D			O	O		
84	C		O		O		
85	D		O				O
86	C		O				O
87	D		O			O	
88	D		O		O		
89	A		O		O		
90	D			O		O	
91	D		O				O
92	D		O				O
93	B		O			O	
94	B		O		O		
95	C		O			O	
96	C		O		O		
97	A		O		O		
98	B		O				O
99	B		O			O	
100	B			O			O
101	B			O			O
102	A		O		O		
103	D		O			O	
104	A		O			O	
105	A			O			O
106	C		O				O
107	C		O			O	
108	D	O				O	
109	E		O		O		
110	A			O			O
111	B		O			O	
112	C		O				O
113	E		O			O	
114	C		O		O		
115	C		O		O		
116	C		O			O	
117	E		O			O	
118	C	O				O	
119	B		O			O	
120	B		O			O	

Frage	Lösung	ph	pl	bc	L	M	S
121	A		O			O	
122	C		O			O	
123	D	O				O	
124	B		O			O	
125	D		O			O	
126	A		O		O		
127	B			O	O		
128	C		O			O	
129	B		O		O		
130	E		O			O	
131	C		O		O		
132	E		O		O		
133	C		O			O	
134	E		O			O	
135	B		O			O	
136	A		O		O		
137	E		O				O
138	B			O	O		
139	B		O				O
140	A		O				O
141	D		O				O
142	D		O		O		
143	A		O			O	
144	C			O		O	
145	C			O	O		
146	D		O		O		
147	A		O		O		
148	E		O		O		
149	E		O				O
150	E			O			O
151	B		O		O		
152	A		O				O
153	E			O	O		
154	A			O			
155	A			O	O		
156	C			O			O
157	B		O		O		
158	B		O		O		
159	A		O				O
160	C		O				

ph = Physik, pl = Physiologie, bc= Biochemie/Chemie

Lösungsbogen Tag 2 — Physikum Herbst 2009

Frage	Lösung	bio	ana	ps	L	M	S
1	A		O		O		
2	B	O					O
3	C	O				O	
4	D	O					O
5	C	O				O	
6	D	O					O
7	C	O				O	
8	nicht gewertet						
9	C	O					O
10	A	O			O		
11	E	O			O		
12	D	O					O
13	E		O				O
14	A	O					O
15	B	O				O	
16	C	O				O	
17	B	O				O	
18	D	O					O
19	B	O				O	
20	B	O					O
21	D	O					O
22	B		O				O
23	A		O				O
24	D	O				O	
25	E	O				O	
26	E	O					O
27	C	O					O
28	E	O					O
29	C	O				O	
30	E	O				O	
31	B	O					O
32	C	O				O	
33	C	O			O		
34	B	O					O
35	C	O				O	
36	D	O					O
37	D	O			O		
38	C	O				O	
39	A	O				O	
40	C		O		O		

Frage	Lösung	bio	ana	ps	L	M	S
41	C		O			O	
42	B		O			O	
43	A		O				O
44	B		O			O	
45	E		O			O	
46	A		O			O	
47	D		O				O
48	D		O				O
49	D		O		O		
50	D		O		O		
51	B		O				O
52	E		O		O		
53	A		O		O		
54	C		O				O
55	D		O			O	
56	A		O		O		
57	D		O				O
58	C		O			O	
59	E		O		O		
60	B		O		O		
61	A		O			O	
62	E		O		O		
63	D		O				O
64	A		O			O	
65	C		O				O
66	E		O				O
67	E		O			O	
68	A		O				O
69	D		O				O
70	D		O				O
71	E		O			O	
72	D		O				O
73	D		O			O	
74	E		O				O
75	D		O			O	
76	C		O			O	
77	D		O		O		
78	E		O		O		
79	A		O			O	
80	D		O				O

Das schwerste Drittel der Fragen wurde mit "S" , das mittlere Drittel mit "M" und das leichteste Drittel mit "L" klassifiziert.

Lösungsbogen Tag 2 — Physikum Herbst 2009

Frage	Lösung	bio	ana	ps	L	M	S
81	A		○				○
82	A		○			○	
83	A		○				○
84	E		○			○	
85	E		○		○		
86	B		○			○	
87	A		○		○		
88	C		○			○	
89	A		○			○	
90	D		○				○
91	C		○		○		
92	C		○		○		
93	C		○		○		
94	D		○		○		
95	C		○				○
96	C		○		○		
97	C		○		○		
98	A		○		○		
99	A		○				○
100	C	○					○
101	E			○	○		
102	B			○	○		
103	C			○	○		
104	A			○		○	
105	B			○		○	
106	A			○			○
107	A			○			○
108	A			○	○		
109	E			○	○		
110	C			○			○
111	D			○		○	
112	E			○	○		
113	C			○	○		
114	A			○	○		
115	C			○			○
116	E			○	○		
117	B			○			○
118	C			○	○		
119	D			○	○		
120	C			○	○		

Frage	Lösung	bio	ana	ps	L	M	S
121	D			○			○
122	A			○		○	
123	C			○	○		
124	C			○	○		
125	B			○	○		
126	E			○	○		
127	A			○		○	
128	D			○			○
129	E			○		○	
130	A			○			○
131	B			○	○		
132	B			○	○		
133	C			○	○		
134	E			○			○
135	D			○			○
136	C			○			○
137	E			○		○	
138	B			○	○		
139	B			○		○	
140	D			○		○	
141	C			○		○	
142	D			○		○	
143	C			○	○		
144	A			○	○		
145	B			○	○		
146	D			○			○
147	D			○			○
148	C			○	○		
149	B			○	○		
150	E			○	○		
151	E			○	○		
152	B			○		○	
153	D			○	○		
154	E			○			○
155	C			○		○	
156	C			○		○	
157	E			○			○
158	A			○	○		
159	D			○			○
160	E			○			○

bio = Biologie, ana = Anatomie/Histologie, ps= Psychologie/Soziologie

MEDI-LEARN *Club*